... उसने हम दोनों का पीछा किया।' भरतू ने गंभीर होते हुए कहा।

'कैसे पता कि वह तुम्हारे पीछे था?' राजी ने अगला सवाल पूछा।

लाटी : भोली-भाली
लाटा : भोला-भाला

दूर का छोटा

लेखक: यशवेन्द्र सिंह रावत

चित्रकार: तनिष्क कुमार

रोज़ की तरह राजी, सरबू और भरतू स्कूल की चढ़ाई चढ़ रहे थे।

'राजी तुझे पता है कल रात को मैंने छलबटया देखा।' भरतू ने चहकते हुए कहा।

'कहाँ?' राजी ने पूछा।

'दादी के साथ पंडयो देखकर आ रहा था। रास्ते में जो धारा है ना, वहाँ पर बहुत अंधेरा था...

छलबटया : भूत
पंडयो : उत्तराखंड का एक लोक नृत्य

‘अरे! लाटी है तू। जब वह हमारे पीछे था, तो छम्म-छम्म की आवाज़ें आ रही थीं।’ भरतू ने जोर से अपनी बात कही।

‘लाटी मैं नहीं, तू है लाटा। भूल गया मैडम जी ने बताया था, रात में झींगुर ऐसी आवाज़ें निकालते हैं।’ कहकर राजी हँसी।

भरतू झेंप गया।

'अच्छा, एक बात बताऊँ!' अपनी झेंप मिटाने के लिए उसने दूसरी बात शुरू की।

'बोल-बोल!' राजी बोली।

'पता है, जब मैं स्कूल से घर देखता हूँ, तो मेरा घर बहुत छोटा लगता है। फिर जब मैं घर से स्कूल देखता हूँ, तो स्कूल भी छोटा लगता है।' भरतू ने कहा।

'सिर्फ तुम्हारा घर ही नहीं, मेरी गौड़ी भी पास से बड़ी लगती है। लेकिन जब वो पहाड़ पर चरती है, तो छोटी सी दिखती है।' राजी बोली।

गौड़ी : गाय

‘तुम दोनों हमेशा अजीब चीजों के बारे में बातें करते हो!’ कहते हुए सरबू हँस पड़ी।

‘ऐसा क्यूँ होता है कि चीजें जो पास से बड़ी दिखती हैं, दूर से छोटी दिखती हैं?’ राजी ने पूछा।

‘केवल दूर से नहीं, ऊपर की ओर जाकर भी...। जैसे आसमान में उड़ता हेलिकॉप्टर छोटा दिखता है, पर सामने से तो बहुत बड़ा होता है!’ भरतू ने बताया।

'हाँ! पहाड़ की चोटी पर बना मंदिर छोटा सा दिखता है। मगर वहाँ जाकर देखो तो है बहुत बड़ा।' राजी ने मंदिर की ओर इशारा किया।

'ऐसा क्यों होता है?' सरबू ने दोनों से पूछा।

'क्या हम इस पर कल बात करें।' राजी और भरतू एक साथ बोले।

स्कूल में कोई अतिथि आए हुए थे। बच्चे उनका हेलिकॉप्टर देखकर खुश हो रहे थे।

अगले दिन स्कूल में राजी और भरतू एक साथ बैठे थे।

'भरतू, कल मैंने देखा कि मेरी माँ पहाड़ पर जाकर छोटी हो गईं। जब वो वापस आईं तो मैंने पूछा कि क्या वो छोटी हो गई थीं!' राजी ने कहा।

'तो क्या बोलीं वो?' भरतू ने उत्सुकता से पूछा।

'नहीं। वो तो उतनी ही थीं।' राजी बोली।

'हम्म! ऐसा क्यों होता है? यह बात कैसे पता करें दगाड्या!' कहकर भरतू ने गहरी साँस ली।

दगाड्या : साथी

तभी कक्षा में सरबू आ गई। उसने राजी और भरतू की बातें सुनी।

'क्या तुम लोग कल वाली बात कर रहे हो, दूर का छोटा वाली।'

'हाँ!' दोनों एक साथ बोले।

'चलो, हम एक साथ फिर से सोचते हैं!' कहकर सरबू उनके साथ सोचने लगी।

अचानक सरबू की आँखें चमक उठीं।

'यार! जो छोटे जीव हैं, उनको तो चीजें बड़ी दिखती होंगी? जैसे चींटी को चीनी का एक दाना, तितली को फूल?'

सरबू बोली।

'हाँ! चींटी के लिए चीनी का दाना पहाड़ की तरह ही होगा...

...लेकिन हमारे लिए तो वो बहुत छोटा होता है!' राजी बोली।

'मैंने भी टीवी पर ऐसा ही देखा था। राक्षस इतने बड़े होते हैं कि उन्हें हम एकदम छोटे लगते होंगे। जैसे कोई चींटी!' भरतू ने उत्साह से कहा।

'इसका मतलब तो यह हुआ कि एक ही चीज अलग-अलग जीवों को अलग-अलग आकार की दिखती होगी' सरबू ने कहा।

'मुझे थोड़ा-थोड़ा समझ में आ रहा है। जो चीज़ जितना हमारे पास आएगी, वो हमारा देखना उतना ही रोकेगी। जैसे जब हम एक आँख बंद करके अपनी हथेली को देखते हैं, तो हमें कुछ भी नहीं दिखता, लेकिन जब दोनों आँखें खोलते हैं, तो हमें हथेली के साथ-साथ आस-पास की चीजें भी दिखने लगती हैं।' राजी ने कहा।

राजी के मन में एक विचार आया। उसने सरबू को भरतू के सामने खड़ा किया और खुद उसके पीछे खड़ी हो गई।

फिर उसने सरबू से पूछा, 'सरबू, अब तू किसे देख पा रही है?'

सरबू ने कहा, 'मैं सबको देख पा रही हूँ।' राजी ने सरबू के सामने अपना हाथ रख दिया...

और पूछा, 'अब भी क्या सब दिख रहा है?'

'नहीं, भरतू नहीं दिख रहा है, बाकी पेड़ दिख रहे हैं!' सरबू थोड़ी परेशान होकर बोली।

राजी ने अपना हाथ और पास लाते हुए पूछा, 'अब?'

सरबू ने हैरानी से कहा, 'अब कुछ नहीं दिख रहा है, सिर्फ अंधेरा है!'

राजी ने मुस्कुराकर कहा, ‘अब समझ में आया?’

‘समझ गई! जो चीज़ हमारे पास होती है, वो बड़ी दिखती है और जो दूर होती है, वो छोटी दिखती है।’ कहते हुए सरबू मुस्कुराई।

‘मेरे साथ भी करो!’ भरतू ने राजी से कहा।

राजी ने भरतू के साथ वैसा ही किया।

भरतू जोर-जोर से हँसने लगा और बोला, 'यार, हम तो कितने बुद्धू थे! हम क्या-क्या सोच रहे थे!'

इसके बाद वे घर की ओर लौट चले।

रास्ते में तीनों हँसते, बातें करते हुए, कोई नई कहानी गढ़ रहे थे।

कहानी में वे इतने मशगूल थे कि उन्हें पता नहीं चला कि कब वे छोटे, फिर और छोटे, फिर और-और छोटे होते गए, जैसे बिन्दु बन गए हों।

...और फिर वे पहाड़ों में खो गए।